LETTRE
SUR
LA MUSIQUE
FRANÇOISE.

Par J. J. ROUSSEAU.

Sunt verba & voces, prætereaque, nihil.

———

M. DCC. LIII.

AVERTISSEMENT.

LA querelle excitée l'année derniere à l'Opéra n'ayant abouti qu'à des injures, dites d'un côté avec beaucoup d'esprit & de l'autre avec beaucoup d'animosité, je n'y voulus prendre aucune part ; car cette espéce de guerre ne me convenoit en aucun sens, & je sentois bien que ce n'étoit pas le tems de ne dire que des raisons. Maintenant que les Bouffons sont congédiés, ou prêts à l'être, & qu'il n'est plus question de Cabales, je crois pouvoir hazarder mon sentiment, & je le dirai avec ma franchise ordinaire, sans craindre en cela d'offenser personne ; il me semble même que sur un pareil sujet toute précaution seroit injurieuse pour les Lecteurs ; car j'avoue que j'aurois fort mauvaise opinion d'un Peuple qui donneroit à des Chansons une importance ridicule ; qui feroit

AVERTISSEMENT.

plus de cas de ses Musiciens que de ses Philosophes, & chez lequel il faudroit parler de Musique avec plus de circonspection que des plus graves sujets de morale.

LETTRE

LETTRE
SUR LA MUSIQUE
FRANÇOISE,

Vous souvenez-vous, Monsieur, de l'histoire de cet enfant de Silésie dont parle M. de Fontenelle, & qui étoit né avec une dent d'or? Tous les Sçavants de l'Allemagne s'épuiserent d'abord en sçavantes dissertations, pour sçavoir comment on pouvoit naître avec une dent d'or : la derniere chose dont on s'avisa fut de vérifier le fait, & il se trouva que la dent n'étoit pas d'or. Pour éviter un semblable inconvénient, avant que de parler de l'excellence de notre Musique, il seroit peut-être bon de s'as-

A

surer de son existence, & d'examiner d'abord, non pas si elle est d'or, mais si nous en avons une.

Les Allemands, les Espagnols & les Anglois, ont long-tems prétendu posséder une Musique propre à leur langue: en effet, ils avoient des Opéra Nationnaux qu'ils admiroient de très-bonne foi, & ils étoient bien persuadés qu'il y alloit de leur gloire à laisser abolir ces chefs-d'œuvres insupportables à toutes les oreilles, excepté les leurs. Enfin le plaisir l'a emporté chez eux sur la vanité, ou du moins, ils s'en sont fait une mieux entendue de sacrifier au goût & à la raison des préjugés, qui rendent souvent les Nations ridicules, par l'honneur même qu'elles y attachent.

Nous sommes en France dans les sentimens où ils étoient alors; mais qui nous assurera que pour avoir été plus opiniâtres, notre entêtement en soit mieux fondé? Ne seroit-il point à propos, pour en bien juger, de mettre une fois la Musique Françoise à la coupelle de la raison, & de voir si elle en soutiendra l'épreuve.

Je n'ai pas dessein d'approfondir ici cet examen ; ce n'est pas l'affaire d'une Lettre, ni peut-être la mienne. Je voudrois seulement tâcher d'établir quelques principes, sur lesquels, en attendant qu'on en trouve de meilleurs, les Maîtres de l'Art, ou plûtôt les Philosophes pussent diriger leurs recherches : car, disoit autrefois un Sage, c'est au Poëte à faire de la Poësie, & au Musicien à faire de la Musique ; mais il n'appartient qu'au Philosophe de bien parler de l'une & de l'autre.

Toute Musique ne peut être composée que de ces trois choses ; mélodie ou chant, harmonie ou accompagnement, mouvement ou mesure.

Quoique le chant tire son principal caractère de la mesure, comme il naît immédiatement de l'harmonie, & qu'il assujetit toujours l'accompagnement à sa marche, j'unirai ces deux parties dans un même article, puis je parlerai de la mesure séparément.

L'harmonie ayant son principe dans la nature, est la même pour toutes les Nations, ou si elle a quelques différences, elles sont introduites par celles de la mélodie; ainsi, c'est de la mélodie seulement qu'il faut tirer le caractére particulier d'une Musique Nationale; d'autant plus que ce caractére étant principalement donné par la langue, le chant proprement dit doit ressentir sa plus grande influence.

On peut concevoir des langues plus propres à la Musique les unes que les autres; on en peut concevoir qui ne le seroient point du tout. Telle en pourroit être une qui ne seroit composée que de sons mixtes, de syllabes muettes, sourdes ou nazales, peu de voyelles sonores, beaucoup de consones & d'articulations, & qui manqueroit encore d'autres conditions essentielles, dont je parlerai dans l'article de la mesure. Cherchons, par curiosité, ce qui résulteroit de la Musique appliquée à une telle langue.

Premierement, le défaut d'éclat dans le son des voyelles obligeroit d'en donner beaucoup à celui des notes, & parce que la langue seroit sourde, la Musique seroit criarde. En second lieu, la dureté & la fréquence des consones forceroit à exclure beaucoup de mots, à ne procéder sur les autres que par des intonations élémentaires, & la Musique seroit insipide & monotone; sa marche seroit encore lente & ennuyeuse par la même raison, & quand on voudroit un peu presser le mouvement, sa vitesse ressembleroit à celle d'un corps dur & anguleux qui roule sur le pavé.

Comme une telle Musique seroit dénuée de toute mélodie agréable, on tâcheroit d'y suppléer par des beautés factices & peu naturelles; on la chargeroit de modulations fréquentes & régulieres; mais froides, sans graces & sans expreffion. On inventeroit des fredons, des cadences, des ports de voix & d'autres agrémens poftiches qu'on prodigueroit dans le chant, & qui ne feroient que le rendre plus ridicule fans le rendre moins plat. La Mufique avec toute cette mauffade parure refteroit languiffante & fans expreffion, & fes images, dénuées de force & d'énergie, peindroient peu d'objets en beaucoup de notes, comme ces écritures gothiques, dont les lignes remplies de traits & de lettres figurées, ne contiennent que deux ou trois mots, & qui renferment très-peu de fens en un grand efpace.

L'impoffibilité d'inventer des chants agréables obligeroit les Compofiteurs à tourner tous leurs foins du côté de l'harmonie, & faute de beautés réelles, ils y introduiroient des beautés de convention, qui n'auroient prefque d'autre mérité que la difficulté vaincue ; au lieu d'une bonne Musique, ils imagineroient une Musique sçavante ; pour suppléer au chant, ils multiplieroient les accompagnemens ; il leur en couteroit moins de placer beaucoup de mauvaises parties les unes au-dessus des autres, que d'en faire une qui fût bonne. Pour ôter l'insipidité, ils augmenteroient la confusion ; ils croiroient faire de la Musique & ils ne feroient que du bruit.

Un autre effet qui résulteroit du défaut de mélodie, seroit que les Musiciens n'en ayant qu'une fausse idée, trouveroient partout une mélodie à leur maniere : n'ayant pas de véritable chant, les parties de chant ne leur couteroit rien à multiplier, parce qu'ils donneroient hardiment ce nom à ce qui n'en seroit pas ; même jusqu'à la Basse-continue, à l'unisson de laquelle ils feroient sans façon réciter les Basses-tailles, sauf à couvrir le tout d'une sorte d'accompagnement, dont la prétendue mélodie n'auroit aucun rapport à celle de la partie vocale. Partout où ils verroient des notes ils trouveroient du chant, attendu qu'en effet leur chant ne feroit que des notes. *Voces, præetereàque nihil.*

Paſſons maintenant à la meſure, dans le ſentiment de laquelle conſiſte en grande partie la beauté & l'expreſſion du chant. La meſure eſt à peu près à la mélodie ce que la Syntaxe eſt au diſcours : c'eſt elle qui fait l'enchaînement des mots, qui diſtingue les phraſes & qui donne un ſens, une liaiſon au tout. Toute Muſique dont on ne ſent point la meſure reſſemble, ſi la faute vient de celui qui l'exécute, à une écriture en chiffres, dont il faut néceſſairement trouver la clef pour en démêler le ſens; mais ſi en effet cette Muſique n'a pas de meſure ſenſible, ce n'eſt alors qu'une collection confuſe de mots pris au hazard & écrits ſans ſuite, auſquels le Lecteur ne trouve aucun ſens, parce que l'Auteur n'y en a point mis.

J'ai dit que toute Musique Nationnale tire son principal caractére de la langue qui lui est propre, & je dois ajouter que c'est principalement la prosodie de la langue qui constitue ce caractére. Comme la Musique vocale a précédé de beaucoup l'instrumentale, celle-ci a toujours reçu de l'autre ses tours de chant & sa mesure, & les diverses mesures de la Musique vocale n'ont pû naître que des diverses manieres dont on pouvoit scander le discours & placer les bréves & les longues les unes à l'égard des autres : ce qui est très-évident dans la Musique Grecque, dont toutes les mesures n'étoient que les formules d'autant de rythmes fournis par tous les arrangemens des syllabes longues ou bréves, & des pieds dont la langue & la Poësie étoient susceptibles. Desorte que quoiqu'on puisse très-bien distinguer dans le rythme musical la mesure de la prosodie, la mesure du vers, & la mesure du chant, il ne faut pas douter que la Musique la plus agréable, ou du moins la mieux cadencée, ne soit celle où ces trois mesures concourent ensemble le plus parfaitement qu'il est possible.

Après ces éclaircissemens, je reviens à mon hypothése, & je suppose que la même langue, dont je viens de parler, eût une mauvaise prosodie, peu marquée, sans exactitude & sans précision, que les longues & les bréves n'eussent pas entre elles en durée & en nombres des rapports simples & propres à rendre le rythme agréable, exact, régulier; qu'elle eût des longues plus ou moins longues les unes que les autres, des bréves plus ou moins bréves, des syllabes ni bréves ni longues, & que les différences des unes & des autres fussent indéterminées & presque incommensurables: il est clair que la Musique Nationnale étant contrainte de recevoir dans sa mesure les irrégularités de la profodie, n'en auroit qu'une fort vague, inégale & très-peu fenfible; que le récitatif fe fentiroit, surtout, de cette irrégularité; qu'on ne fçauroit prefque comment y faire accorder les valeurs des notes & celles des fyllabes; qu'on feroit contraint d'y changer de mefure à tout moment, & qu'on ne pourroit jamais y rendre les vers dans un rythme exact & cadencé; que même dans les airs mefurés tous les mouvemens feroient peu naturels & fans précifion; que pour peu de lenteur qu'on joignît à ce défaut, l'idée de l'égalité des tems fe perdroit entiérement dans l'efprit du Chanteur & de l'Auditeur, & qu'enfin la mefure n'étant plus fenfible, ni fes retours égaux, elle ne feroit affujettie qu'au caprice du Muficien, qui pourroit à chaque inftant la preffer ou la ralentir à fon gré, deforte qu'il ne feroit pas poffible dans un concert de fe paffer de quelqu'un qui la marquât à tous, felon la fantaifie ou la commodité d'un feul.

C'est ainfi que les Acteurs contracteroient tellement l'habitude de s'afservir la mefure, qu'on les entendroit même l'altérer à defsein dans les morceaux où le Compofiteur feroit venu à bout de la rendre fenfible. Marquer la mefure feroit une faute contre la compofition, & la fuivre en feroit une contre le goût du chant; les défauts pafseroient pour des beautés, & les beautés pour des défauts; les vices feroient établis en regles, & pour faire de la Mufique au goût de la Nation, il ne faudroit que s'attacher avec foin à ce qui déplaît à tous les autres.

Auffi avec quelque art qu'on cherchât à découvrir les défauts d'une pareille Mufique, il feroit impofsible qu'elle plût jamais à d'autres oreilles qu'à celles des naturels du pays où elle feroit en ufage : à force d'efsuyer des reproches fur leur mauvais goût, à force d'entendre dans une langue plus favorable de la véritable

Musique, ils chercheroient à en rapprocher la leur, & ne feroient que lui ôter son caractére & la convenance qu'elle avoit avec la langue pour laquelle elle avoit été faite. S'ils vouloient dénaturer leur chant, ils le rendroient dur, baroque & presque inchantable; s'ils se contentoient de l'orner par d'autres accompagnemens que ceux qui lui sont propres, ils ne feroient que marquer mieux sa platitude par un contraste inévitable; ils ôteroient à leur Musique la seule beauté dont elle étoit susceptible, en ôtant à toutes ses parties l'uniformité de caractére qui la faisoit être une, & en accoutumant les oreilles à dédaigner le chant pour n'écouter que la symphonie, ils parviendroient enfin à ne faire servir les voix que d'accompagnement à l'accompagnement.

Voilà par quel moyen la Musique d'une telle Nation se diviseroit en Musique vocale & Musique instrumentale; voilà comment, en donnant des caractéres différens à ces deux espèces, on en feroit un tout monstrueux. La symphonie voudroit aller en mesure, & le chant ne pouvant souffrir aucune gêne, on entendroit souvent dans les mêmes morceaux les Acteurs & l'Orchestre se contrarier & se faire obstacle mutuellement. Cette incertitude & le mélange des deux caractéres introduiroient dans la maniere d'accompagner une froideur & une lâcheté qui se tourneroit tellement en habitude, que les Symphonistes ne pourroient pas, même en exécutant de bonne Musique, lui laisser de la force & de l'énergie. En la jouant comme la leur, ils l'énerveroient entiérement ; ils feroient fort les *doux*, doux les *fort*, & ne connoîtroient pas une des nuances de ces deux mots. Ces autres mots, *rinforzando, dolce,* * *risoluto*,

* Il n'y a peut-être pas quatre Symphonistes François qui sçachent la différence de *piano* & *dolce*, & c'est fort inutilement qu'ils la sçauroient ; car qui d'entre eux seroit en état de la rendre ?

SUR LA MUSIQUE FRANÇOISE. 15
con gusto, *spiritoso*, *sostenuto*, *con brio*, n'auroient pas même de synonimes dans leur langue, & celui d'*expression* n'y auroit aucun sens. Ils substitueroient je ne sçais combien de petits ornemens froids & maussades à la vigueur du coup d'archet. Quelque nombreux que fût l'orchestre, il ne feroit aucun effet, ou n'en feroit qu'un très-désagréable. Comme l'exécution seroit toujours lâche, & que les Symphonistes aimeroient mieux jouer proprement que d'aller en mesure, ils ne seroient jamais ensemble : ils ne pourroient venir à bout de tirer un son net & juste, ni de rien exécuter dans son caractére, & les Etrangers seroient tout surpris qu'un orchestre vanté comme le premier du monde, seroit à peine digne des treteaux d'une guinguette. Il devroit naturellement arriver que de tels Musiciens prissent en haine la Musique qui auroit mis leur honte en évidence, & bien-tôt joignant la mauvaise volonté au mauvais goût, ils

mettroient encore du deſſein prémédité dans la ridicule exécution, dont ils auroient bien pu ſe fier à leur mal-adreſſe.

D'après une autre ſuppoſition contraire à celle que je viens de faire, je pourrois déduire aiſément toutes les qualités d'une véritable Muſique, faite pour émouvoir, pour imiter, pour plaire, & pour porter au cœur les plus douces impreſſions de l'harmonie & du chant; mais comme ceci nous écarteroit trop de notre ſujet & des idées qui nous ſont connues, j'aime mieux me borner à quelques obſervations ſur la Muſique Italienne, qui puiſſe nous aider à mieux juger de la nôtre.

Si l'on demandoit laquelle de toutes les langues doit avoir une meilleure Grammaire, je répondrois que c'eſt celle du Peuple qui raiſonne le mieux; & ſi l'on demandoit lequel de tous les Peuples doit avoir une meilleure Muſique, je dirois que c'eſt celui dont la langue y eſt

le

le plus propre. C'est ce que j'ai déja établi ci-devant, & ce que j'aurai occasion de confirmer dans la suite de cette Lettre. Or s'il y a en Europe une langue propre à la Musique, c'est certainement l'Italienne; car cette langue est douce, sonore, harmonieuse, & accentuée plus qu'aucune autre, & ces quatre qualités sont précisément les plus convenables au chant.

Elle est douce, parce que les articulations y sont peu composées, que la rencontre des consonnes y est rare & sans rudesse, & qu'un très-grand nombre de syllabes n'y étant formées que de voyelles, les fréquentes élisions en rendent la prononciation plus coulante : Elle est sonore, parce que la plûpart des voyelles y sont éclatantes, qu'elle n'a pas de diphtongues composées, qu'elle a peu ou point de voyelles nazales, & que les articulations rares & faciles distinguent mieux le son des syllabes, qui en devient plus net, &

B

plus plein. A l'égard de l'harmonie, qui dépend du nombre & de la prosodie autant que des sons, l'avantage de la langue Italienne est manifeste sur ce point : car il faut remarquer que ce qui rend une langue harmonieuse & véritablement pictoresque, dépend moins de la force réelle de ses termes que de la distance qu'il y a du doux au fort entre les sons qu'elle employe, & du choix qu'on en peut faire pour les tableaux qu'on a à peindre. Ceci supposé, que ceux qui pensent que l'Italien n'est que le langage de la douceur & de la tendresse, prennent la peine de comparer entre elles ces deux strophes du Tasse.

Teneri sdegni e placide e tranquille
Repulse e cari vezzi e liete paci,
Sorrisi, parolette, e dolci stille
Di pianto e sospir, tronchi e molli bacci:
Fuse tai cose tutte, e poscia unille,
Et al foco temprò di lente faci;
E ne formò quel sì mirabil cinto
Di ch' ella aveva il bel fianco succinto.

Chiama gl' abitator de l'ombre eterne

Il rauco suon de la tartarea tromba;
Treman le spaziose atre caverne,
E l'aer cieco a quel romor rimbomba;
Nè si stridendo mai da le superne
Regioni del Cielo il folgor piomba,
Nè si scossa giammai trema la terra
Quando i vapori in sen gravida serra.

Et s'ils désespèrent de rendre en François la douce harmonie de l'une, qu'ils essayent d'exprimer la rauque dureté de l'autre: Il n'est pas besoin pour juger de ceci d'entendre la langue, il ne faut qu'avoir des oreilles & de la bonne foi. Au reste, vous observerez que cette dureté de la derniere strophe n'est point sourde, mais très-sonore, & qu'elle n'est que pour l'oreille & non pour la prononciation: car la langue n'articule pas moins facilement les *r* multipliées qui font la rudesse de cette strophe, que les *l* qui rendent la premiere si coulante. Au contraire, toutes les fois que nous voulons donner de la dureté à l'harmonie de notre langue, nous sommes forcés d'entasser des consones de toute espece qui forment des articulations difficiles & rudes, ce qui retarde la marche du chant & contraint souvent la Musique d'aller plus lentement, précisément quand le sens des paroles exigeroit le plus de vitesse.

Si je voulois m'étendre sur cet article, je pourrois peut-être vous faire voir encore que les inversions de la langue Italienne sont beaucoup plus favorables à la bonne mélodie que l'ordre didactique de la nôtre, & qu'une Phrase Musicale se développe d'une maniere plus agréable & plus intéressante, quand le sens du discours longtems suspendu, se résout sur le verbe avec la cadence, que quand il se développe à mesure, & laisse affoiblir ou satisfaire ainsi par dégrés le desir de l'esprit, tandis que celui de l'oreille augmente en raison contraire jusqu'à la fin de la phrase. Je vous prouverois encore que l'art des suspensions & des mots entrecoupés, que l'heureuse constitution de la langue rend si familier à la Musique Italienne, est entiérement inconnu dans la nôtre, & que nous n'avons d'autres moyens pour y suppléer, que des silences qui ne sont jamais du chant, & qui, dans ces occasions, montrent plutôt la pauvreté de la Musique que les ressources du Musicien.

Il me resteroit à parler de l'accent, mais ce point important demande une si profonde discussion, qu'il vaut mieux la réserver à une meilleure main : Je vais donc passer aux choses plus essentielles à mon objet, & tâcher d'examiner notre Musique en elle-même.

Les Italiens prétendent que notre mélodie est plate & sans aucun chant, & toutes les Nations * neutres confirment

---

* Il a été un tems, dit Mylord Schaftesbury, où l'usage de parler François avoit mis parmi nous la Musique Françoise à la mode. Mais bien-tôt la Musique Italienne nous montrant la Nature de plus près, nous dégoûta de l'autre, & nous la fit appercevoir aussi lourde, aussi plate, & aussi maussade qu'elle l'est en effet.

unanimement leur jugement sur ce point; de notre côté nous accusons la leur d'être bizarre & barroque. J'aime mieux croire que les uns ou les autres se trompent, que d'être réduit à dire que dans des contrées où les Sciences & tous les Arts sont parvenus à un si haut dégré, la Musique seule est encore à naître.

Les moins prévenus d'entre nous[*] se contentent de dire que la Musique Italienne & la Françoise sont toutes deux bonnes, chacune dans son genre, chacune pour la langue qui lui est propre; mais outre que les autres Nations ne conviennent pas de cette parité, il resteroit toujours à sçavoir laquelle des deux langues peut comporter le meilleur genre de Musique en soi. Question fort agitée en France, mais qui ne le sera jamais ail-

[*] Plusieurs condamnent l'exclusion totale que les Amateurs de Musique donnent sans balancer à la Musique Françoise; ces modérés conciliateurs ne voudroient pas de goûts exclusifs, comme si l'amour des bonnes choses devoit faire goûter les mauvaises.

SUR LA MUSIQUE FRANÇOISE. 23

leurs ; question qui ne peut être décidée que par une oreille parfaitement neutre, & qui par conséquent devient tous les jours plus difficile à résoudre dans le seul pays où elle soit en problême. Voici sur ce sujet quelques expériences que chacun est maître de vérifier, & qui me paroissent pouvoir servir à cette solution, du moins quant à la mélodie, à laquelle seule se réduit presque toute la dispute.

J'ai pris dans les deux Musiques des airs également estimés chacun dans son genre, & les dépouillant les uns de leurs ports de voix & de leurs cadences éternelles, les autres des notes sous-entendues que le Compositeur ne se donne point la peine d'écrire, & dont il se remet à l'intelligence du Chanteur, * je les

---

* C'est donner toute la faveur à la Musique Françoise, que de s'y prendre ainsi : car ces notes sous-entendues dans l'Italienne, ne sont pas moins de l'essence de la mélodie que celles qui sont sur le papier. Il s'agit moins de ce qui est écrit que de ce qui doit se chanter, & cette maniere de noter doit seulement passer pour une sorte d'abréviation, au lieu que les cadences & les ports de voix du chant François

ai solfiés exactement sur la note, sans aucun ornement, & sans rien fournir de moi-même au sens ni à la liaison de la phrase. Je ne vous dirai point quel a été dans mon esprit le résultat de cette comparaison, parce que j'ai le droit de vous proposer mes raisons & non pas mon autorité : Je vous rends compte seulement des moyens que j'ai pris pour me déterminer, afin que si vous les trouvez bons vous puissiez les employer à votre tour. Je dois vous avertir seulement, que cette expérience demande bien plus de précautions qu'il ne semble. La premiere & la plus difficile de toutes est d'être de bonne foi, & de se rendre également équitable dans le choix & dans le jugement. La seconde est que pour tenter cet examen il faut nécessairement être également versé dans les deux

---

sont bien, si l'on veut, exigés par le goût, mais ne constituent point la mélodie & ne sont pas de son essence ; c'est pour elle une sorte de fard qui couvre sa laideur sans la détruire, & qui ne la rend que plus ridicule aux oreilles sensibles.

stiles; autrement celui qui seroit le plus familier se présenteroit à chaque instant à l'esprit au préjudice de l'autre ; & cette deuxiéme condition n'est gueres plus facile que la premiere, car de tous ceux qui connoissent bien l'une & l'autre Musique, nul ne balance sur le choix, & l'on a pu voir par les plaisans barbouillages de ceux qui se sont mêlés d'attaquer l'Italienne, quelle connoissance ils avoient d'elle & de l'Art en général.

Je dois ajoûter qu'il est essentiel d'aller bien exactement en mesure ; mais je prévois que cet avertissement, qui seroit superflu dans tout autre pays, sera fort inutile dans celui-ci, & cette seule omission entraîne nécessairement l'incompétence du jugement.

Avec toutes ces précautions, le caractére de chaque genre ne tarde pas à se déclarer, & alors il est bien difficile de ne pas revêtir les phrases des idées qui leur conviennent, & de n'y pas ajoûter, du moins par l'esprit, les tours & les ornemens qu'on a la force de leur refuser par le chant. Il ne faut pas non plus s'en tenir à une seule épreuve, car un air peut plaire plus qu'un autre, sans que cela décide de la préférence du genre; & ce n'est qu'après un grand nombre d'essais qu'on peut établir un jugement raisonnable: d'ailleurs, en s'ôtant la connoissance des paroles, on s'ôte celle de la partie la plus importante de la mélodie, qui est l'expression; & tout ce qu'on peut décider par cette voie, c'est si la modulation est bonne & si le chant a du naturel & de la beauté. Tout cela nous montre combien il est difficile de prendre assez de précautions contre les préjugés, & combien le raisonnement nous est nécessaire pour nous mettre en état de juger sainement des choses de goût.

J'ai fait une autre épreuve qui demande moins de précautions, & qui vous paroîtra peut-être plus décisive. J'ai donné à chanter à des Italiens les plus beaux airs de Luli, & à des Musiciens François des airs de Leo & du Pergolese, & j'ai remarqué que quoique ceux-ci fussent fort éloignés de saisir le vrai goût de ces morceaux, ils en sentoient pourtant la mélodie, & en tiroient à leur maniere des phrases de Musique chantantes, agréables & bien cadencées. Mais les Italiens solfiant très-exactement nos airs les plus pathétiques, n'ont jamais pu y reconnoître ni phrases ni chant; ce n'étoit pas pour eux de la Musique qui eût du sens, mais seulement des suites de notes placées sans choix & comme au hazard; ils les chantoient précisément, comme vous liriez des mots Arabes écrits en caracteres François.*

Troisieme expérience. J'ai vu à Ve-

---

* Nos Musiciens prétendent tirer un grand avantage de cette différence. *Nous exécutons la Musique Italienne*, disent-ils, *avec leur fierté accoutumée, & les Italiens ne peuvent exécuter la nôtre; donc notre Musique vaut mieux que la leur.* Ils ne voient pas qu'ils devroient tirer une conséquence toute contraire & dire, *donc les Italiens ont une mélodie & nous n'en avons point.*

nife un Arménien, homme d'esprit qui n'avoit jamais entendu de Musique, & devant lequel on exécuta dans un même concert un monologue François qui commence par ce vers :

Temple sacré, séjour tranquille

Et un air de Galuppi qui commence par celui-ci :

Voi che languite senza speranza

l'un & l'autre furent chantés, médiocrement pour le François, & mal pour l'Italien, par un homme accoutumé seulement à la Musique Françoise, & alors très-anthousiaste de celle de M. Rameau. Je remarquai dans l'Arménien durant tout le chant François, plus de surprise que de plaisir ; mais tout le monde observa dès les premieres mesures de l'air Italien, que son visage & ses yeux s'adoucissoient ; il étoit enchanté, il prêtoit son ame aux impressions de la Musique, & quoiqu'il entendît peu la langue, les simples sons lui cauſoient un raviſſement ſenſible. Dès ce moment on ne put plus lui faire écouter aucun air François.

Mais ſans chercher ailleurs des exemples, n'avons-nous pas même parmi nous pluſieurs perſonnes qui ne connoiſſant que notre Opera croyoient de bonne foi n'avoir aucun goût pour le chant, & n'ont été déſabuſés que par les intermédes Italiens. C'eſt préciſément parce qu'ils n'aimoient que la véritable Muſique, qu'ils croyoient ne pas aimer la Muſique.

J'avoue que tant de faits m'ont rendu douteuſe l'exiſtence de notre mélodie, & m'ont fait ſoupçonner qu'elle pourroit bien n'être qu'une ſorte de plein-chant modulé, qui n'a rien d'agréable en lui-même, qui ne plaît qu'à l'aide de quelques ornemens arbitraires, & ſeulement à ceux qui ſont convenus de les trouver beaux. Auſſi à peine notre Muſique eſt-elle ſupportable à nos propres oreilles, lorſqu'elle eſt exécutée par des voix médiocres qui manquent d'art pour la faire valoir. Il faut des Fel & des Jeliotte pour chanter la Musique Françoise, mais toute voix est bonne pour l'Italienne, parce que les beautés du chant Italien sont dans la Musique même, au lieu que celles du chant François, s'il en a, ne sont que dans l'art du Chanteur. *

Trois choses me paroissent concourir à la perfection de la mélodie Italienne : La premiere est la douceur de la langue, qui rendant toutes les inflexions faciles, laisse au goût du Musicien la liberté d'en faire

---

* Au reste, c'est une erreur de croire qu'en général les Chanteurs Italiens ayent moins de voix que les François. Il faut au contraire qu'ils ayent le timbre plus fort & plus harmonieux pour pouvoir se faire entendre sur les théatres immenses de l'Italie, sans cesser de ménager les sons, comme le veut la Musique Italienne. Le chant François exige tout l'effort des poumons, toute l'étendue de la voix ; plus fort, nous disent nos Maîtres, enflez les sons, ouvrez la bouche, donnez toute votre voix. Plus doux, disent les Maîtres Italiens, ne forcez point, chantez sans gêne, rendez vos sons doux, flexibles & roulans, reservez les éclats pour ces momens rares & passagers où il faut surprendre & déchirer. Or il me paroît que dans la nécessité de se faire entendre, celui-là doit avoir plus de voix, qui peut se passer de crier.

un choix plus exquis, de varier davantage les combinaisons, & de donner à chaque Acteur un tour de chant particulier, de même que chaque homme à son geste & son ton qui lui sont propres, & qui le distinguent d'un autre homme.

La deuxiéme est la hardiesse des modulations, qui quoique moins servilement préparées que les nôtres, se rendent plus agréables, en se rendant plus sensibles, & sans donner de la dureté au chant, ajoûtent une vive énergie à l'expression. C'est par elle que le Musicien, passant brusquement d'un ton ou d'un mode à un autre, & supprimant quand il le faut les transitions intermédiaires & scolastiques, sait exprimer les réticences, les interruptions, les discours entre-coupés qui sont le langage des passions impétueuses, que le bouillant Metastase a employé si souvent, que les Porpora, les Galuppi, les Cocchi, les Perez, les Terradeglias ont sçu rendre avec succès, & que nos Poëtes lyriques connoissent aussi peu que nos Musiciens.

Le troisiéme avantage & celui qui prête à la mélodie son plus grand effet, est l'extrême précision de mesure qui s'y fait sentir dans les mouvemens les plus lents, ainsi que dans les plus gais : précision qui rend le chant animé & intéressant, les accompagnemens vifs & cadencés, qui multiplie réellement les chants, en faisant d'une même combinaison de sons, autant de différentes mélodies qu'il y a de maniere de les scander ; qui porte au cœur tous les sentimens, & à l'esprit tous les tableaux ; qui donne au Musicien le moyen de mettre en air tous les caractéres de paroles imaginables, plusieurs dont nous n'avons pas même l'idée * & qui

* Pour ne pas sortir du genre comique, le seul connu à Paris, voyez les airs, *Quando sciolto avrò il contratto*, &c. *Io ò un vespajo*, &c. *O questo o quello t'ai à risolvere*, &c. *A un gusto da stordire*, &c. *Stizzoso mio, stizzoso*, &c. *Io sono una Donzella*, &c. *Quanti maestri, quanti dottori*, &c. *I Sbirri già lo aspettano*, &c. *Ma dunque il*

rend

rend tous les mouvemens propres à exprimer tous les caractéres * ou un seul mouvement propre à contraster & changer de caractére au gré du Compositeur.

Voilà, ce me semble, les sources d'où le chant Italien tire ses charmes & son énergie; à quoi l'on peut ajoûter une nouvelle & très-forte preuve de l'avantage de sa mélodie, en ce qu'elle n'exige pas autant que la nôtre de ces fréquens renversemens d'harmonie, qui donnent à la Basse-continue le véritable chant d'un dessus. Ceux qui trouvent de si grandes beautés dans la mélodie Françoise, devroient bien nous dire à laquelle de ces

---

testamento, &c. *Senti me, se brami stare*, &c. tous caractéres d'Airs dont la Musique Françoise n'a pas les premiers élemens, & dont elle n'est pas en état d'exprimer un seul mot.

* Je me contenterai d'en citer un seul exemple, mais très-frappant; c'est l'air *Se pur d'un infelice*, &c. de la Fausse Suivante; Air très-pathétique sur un mouvement très-gai, auquel il n'a manqué qu'une voix pour le chanter, un Orchestre pour l'accompagner, des oreilles pour l'entendre, & la seconde partie qu'il ne falloit pas supprimer.

choses elle en est redevable, ou nous montrer les avantages qu'elle a pour y suppléer.

Quand on commence à connoître la mélodie Italienne, on ne lui trouve d'abord que des graces, & on ne la croit propre qu'à exprimer des sentimens agréables; mais pour peu qu'on étudie son caractére pathétique & tragique, on est bientôt surpris de la force que lui prête l'art des Compositeurs dans les grands morceaux de Musique. C'est à l'aide de ces modulations sçavantes, de cette harmonie simple & pure, de ces accompagnemens vifs & brillans, que ces chants divins déchirent ou ravissent l'ame, mettent le Spectateur hors de lui-même, & lui arrachent, dans ses transports, des cris, dont jamais nos tranquilles Opera ne furent honorés.

Comment le Musicien vient-il à bout de produire ces grands effets? Est-ce à force de contraster les mouvemens, de multiplier les accords, les notes, les parties ? Est-ce à force d'entasser desseins sur desseins, instrumens sur instrumens ? Tout ce fracas, qui n'est qu'un mauvais supplément où le génie manque, étoufferoit le chant loin de l'animer, & détruiroit l'intérêt en partageant l'attention. Quelque harmonie que puissent faire ensemble plusieurs parties toutes bien chantantes, l'effet de ces beaux chants s'évanouit aussi-tôt qu'ils se font entendre à la fois, & il ne reste que celui d'une suite d'accord, qui, quoiqu'on puisse dire, est toujours froide quand la mélodie ne l'anime pas ; desorte que plus on entasse des chants mal à propos, & moins la Musique est agréable & chantante, parce qu'il est impossible à l'oreille de se prêter au même instant à plusieurs mélodies, & que l'une effaçant l'impression de l'autre, il ne résulte du tout que de la confusion & du bruit. Pour qu'une Musique devienne intéressante, pour qu'elle porte à l'ame les sentimens qu'on y veut exciter, il faut que toutes les parties concourent à fortifier l'expreſſion du ſujet ; que l'harmonie ne ſerve qu'à le rendre plus énergique ; que l'accompagnement l'embeliſſe, ſans le couvrir ni le défigurer ; que la Baſſe, par une marche uniforme & ſimple, guide en quelque ſorte celui qui chante & celui qui écoute, ſans que ni l'un ni l'autre s'en apperçoive ; il faut, en un mot, que le tout enſemble ne porte à la fois qu'une mélodie à l'oreille & qu'une idée à l'eſprit.

Cette unité de mélodie me paroît une regle indiſpenſable & non moins importante en Muſique, que l'unité d'action dans une Tragédie ; car elle eſt fondée ſur le même principe, & dirigée vers le même objet. Auſſi tous les bons Compoſiteurs Italiens s'y conforment-ils avec un ſoin qui dégénere quelquefois en affectation, & pour peu qu'on y réfléchiſſe, on ſent bien-tôt que c'eſt d'elle que leur Muſique tire ſon principal effet. C'eſt dans cette grande regle qu'il faut chercher la cause des fréquens accompagnemens à l'unisson qu'on remarque dans la Musique Italienne, & qui, fortifiant l'idée du chant, en rendent en même-tems les sons plus moëlleux, plus doux & moins fatiguans pour la voix. Ces unissons ne sont point praticables dans notre Musique, si ce n'est sur quelques caractéres d'airs choisis & tournés exprès pour cela; jamais un air pathétique François ne seroit supportable accompagné de cette maniere, parce que la Musique vocale & l'instrumentale ayant parmi nous des caractéres différens, on ne peut, sans pécher contre la mélodie & le goût, appliquer à l'une les mêmes tours qui conviennent à l'autre, sans compter que la mesure étant toujours vague & indéterminée, sur-tout dans les airs lents, les instrumens & la voix ne pourroient jamais s'accorder, & ne marcheroient point assez de concert pour produire ensemble un effet agréable. Une beauté qui résulte encore de ces unissons, c'est de donner une expression plus sensible à la mélodie, tantôt en renforçant tout d'un coup les instrumens sur un passage, tantôt en les radoucissant, tantôt en leur donnant un trait de chant énergique & saillant que la voix n'auroit pu faire, & que l'Auditeur adroitement trompé ne laisse pas de lui attribuer quand l'orchestre sçait le faire sortir à propos. De-là naît encore cette parfaite correspondance de la symphonie & du chant, qui fait que tous les traits qu'on admire dans l'une, ne sont que des développemens de l'autre, desorte que c'est toujours dans la partie vocale qu'il faut chercher la source de toutes les beautés de l'accompagnement. Cet accompagnement est si bien un avec le chant, & si exactement rélatif aux paroles, qu'il semble souvent déterminer le jeu & dicter à l'Acteur le geste qu'il doit faire * & tel qui n'auroit pu jouer le rolle

* On en trouve des exemples fréquens dans les Intermédes qui nous ont été donnés cette année, entre autres dans l'air *a un gusto da stordire* du Maître de Musique, dans celui

sur les paroles seules, le jouera très-juste sur la Musique, parce qu'elle fait bien sa fonction d'interprête.

Au reste, il s'en faut beaucoup que les accompagnemens Italiens soient toujours à l'unisson de la voix. Il y a deux cas assez fréquens où le Musicien les en sépare : L'un, quand la voix roulant avec légereté sur des cordes d'harmonie, fixe assez l'attention pour que l'accompagnement ne puisse la partager, encore alors donne-t-on tant de simplicité à cet accompagnement, que l'oreille affectée seulement d'accords agréables, n'y sent aucun chant qui puisse la distraire. L'autre cas demande un peu plus de soin pour le faire entendre.

Quand le Musicien sçaura son art, dit l'Auteur de la Lettre sur les Sourds & les Muets, *les parties d'accompagnement concourreront ou à fortifier l'expression de la*

son Padrone de la femme orgueilleuse, dans celui *vi sto ben* du Tracollo, dans celui *tu non pensi no signora* de la Bohemienne, & dans presque tous ceux qui demandent du jeu.

partie chantante, ou à ajoûter de nouvelles idées que le sujet demandoit, & que la partie chantante n'aura pu rendre. Ce passage me paroît renfermer un précepte très-utile, & voici comment je pense qu'on doit l'entendre.

Si le chant est de nature à exiger quelques additions, ou comme disoient nos anciens Musiciens, quelques *diminutions* * qui ajoutent à l'expression ou à l'agrément sans détruire en cela l'unité de mélodie, desorte que l'oreille, qui blâmeroit peut-être ces additions faites par la voix, les approuve dans l'accompagnement & s'en laisse doucement affecter, sans cesser pour cela d'être attentive au chant; alors l'habile Musicien, en les ménageant à propos & les employant avec goût, embellira son sujet & le rendra plus expressif sans le rendre moins un; & quoique l'accompagnement n'y soit pas exactement semblable

---

* On trouvera le mot *diminution* dans le quatriéme volume de l'Encyclopedie.

à la partie chantante, l'un & l'autre ne feront pourtant qu'un chant & qu'une mélodie. Que si le sens des paroles comporte une idée accessoire que le chant n'aura pas pu rendre, le Musicien l'enchassera dans des silences ou dans des tenues, de maniere qu'il puisse la présenter à l'Auditeur, sans le détourner de celle du chant. L'avantage seroit encore plus grand, si cette idée accessoire pouvoit être rendue par un accompagnement contraint & continu, qui fît plutôt un leger murmure qu'un véritable chant, comme seroit le bruit d'une riviere ou le gazouillement des oiseaux : car alors le Compositeur pourroit séparer tout à fait le chant de l'accompagnement, & destinant uniquement ce dernier à rendre l'idée accessoire, il disposera son chant de maniere à donner des jours fréquens à l'orchestre, en observant avec soin que la symphonie soit toujours dominée par la partie chantante, ce qui dépend encore plus de l'art du Compositeur, que de l'exécution des Instrumens : mais ceci demande une expérience consommée pour éviter la duplicité de mélodie.

Voilà tout ce que la régle de l'unité peut accorder au goût du Musicien, pour parer le chant ou le rendre plus expressif, soit en embellissant le sujet principal, soit en y en ajoutant un autre qui lui reste assujetti. Mais de faire chanter à part des Violons d'un côté, de l'autre des Flutes, de l'autre des Bassons, chacun sur un dessein particulier, & presque sans rapport entre eux, & d'appeller tout ce cahos, de la Musique, c'est insulter également l'oreille & le jugement des Auditeurs.

Une autre chose, qui n'est pas moins contraire que la multiplication des parties, à la régle que je viens d'établir, c'est l'abus ou plutôt l'usage des fugues, imitations, doubles desseins, & autres beautés arbitraires & de pure conven-

-tion, qui n'ont presque de mérite que la difficulté vaincue, & qui toutes ont été inventées dans la naissance de l'Art pour faire briller le savoir, en attendant qu'il fût question du génie. Je ne dis pas qu'il soit tout-à-fait impossible de conserver l'unité de mélodie dans une fugue, en conduisant habilement l'attention de l'auditeur d'une partie à l'autre, à mesure que le sujet y passe; mais ce travail est si pénible, que presque personne n'y réussit, & si ingrat, qu'à peine le succès peut-il dédomager de la fatigue d'un tel ouvrage. Tout cela n'aboutissant qu'à faire du bruit, ainsi que la plupart de nos chœurs si admirés *, est également indigne d'occu-

* Les Italiens ne sont pas eux-mêmes tout-à-fait revenus de ce préjugé barbare. Ils se piquent encore d'avoir dans leurs Eglises de la Musique bruyante; ils ont souvent des Messes & des Motets à quatre Chœurs, chacun sur un dessein différent; mais les grands Maîtres ne font que rire de tout ce fatras. Je me souviens que Terradeglias me parlant de plusieurs Motets de sa composition où il avoit mis des Chœurs travaillés avec un grand soin, étoit honteux d'en avoir fait de si beaux, & s'en excusoit sur sa jeunesse; autre fois, disoit-il, j'aimois à faire du bruit; à présent je tâche de faire de la Musique.

per la plume d'un homme de génie, & l'attention d'un homme de goût. A l'égard des contre-fugues, doubles fugues, fugues renversées, basses contraintes, & autres sottises difficiles que l'oreille ne peut souffrir, & que la raison ne peut justifier, ce sont évidemment des restes de barbarie & de mauvais goût, qui ne subsistent, comme les portails de nos Eglises gothiques, que pour la honte de ceux qui ont eu la patience de les faire.

Il a été un tems où l'Italie étoit barbare, & même après la renaissance des autres Arts que l'Europe lui doit tous, la Musique plus tardive n'y a point pris aisément cette pureté de goût qu'on y voit briller aujourd'hui, & l'on ne peut guéres donner une plus mauvaise idée de ce qu'elle étoit alors qu'en remarquant qu'il n'y a eu pendant long-tems qu'une même Musique en France & en Italie *,

* L'Abbé Du Bos se tourmente beaucoup pour faire honneur aux Païs-Bas du renouvellement de la Musique, & cela pourroit s'admettre, si l'on donnoit le nom de Musi-

& que les Musiciens des deux contrées communiquoient familiérement entr'eux, non pourtant sans qu'on put remarquer déja dans les nôtres le germe de cette jalousie, qui est inséparable de l'infériorité. Lully même, allarmé de l'arrivée de Correlli, se hâta de le faire chasser de France : ce qui lui fut d'autant plus aisé que Correlli étoit plus grand homme, & par conséquent moins courtisan. Dans ces tems où la Musique naissoit à peine, elle avoit en Italie cette ridicule emphase de science harmonique, ces pédantesques prétentions de doctrine qu'elle a chérement conservée parmi nous, & par lesquelles on distingue aujourd'hui cette Musique

que à un continuel remplissage d'accords ; mais si l'harmonie n'est que la base commune & que la mélodie seule constitue le caractére, non seulement la Musique moderne est née en Italie, mais il y a quelque apparence que dans toutes nos Langues vivantes, la Musique Italienne est la seule qui puisse réellement exister. Du tems d'Orlande & de Goudimel, on faisoit de l'harmonie & des sons, Lully y a joint un peu de cadence ; Corelli, Buononcini, Vinci & Pergolese, sont les premiers qui ayent fait de la Musique.

méthodique, compaſſée, mais ſans génie, ſans invention & ſans goût, qu'on appelle à Paris, *Muſique écrite* par excellence, & qui, tout au plus, n'eſt bonne, en effet, qu'à écrire, & jamais à exécuter.

Depuis même que les Italiens ont rendu l'harmonie plus pure, plus ſimple, & donné tous leurs ſoins à la perfection de la mélodie, je ne nie pas qu'il ne ſoit encore demeuré parmi eux quelques légéres traces des fugues & deſſeins gothiques, & quelques fois de doubles & triples mélodies. C'eſt de quoi je pourrois citer pluſieurs exemples dans les Intermédes qui nous ſont connus, & entre autre le mauvais quatuor qui eſt à la fin de *la Femme orgueilleuſe*. Mais outre que ces choſes ſortent du caractére établi, outre qu'on ne trouve jamais rien de ſemblable dans les Tragédies, & qu'il n'eſt pas plus juſte de juger l'Opera Italien ſur ces farces, que de juger notre Théatre François sur l'*Impromptu de Campagne*, ou *le Baron de la Crasse* : il faut aussi rendre justice à l'art avec lequel les Compositeurs ont souvent évité dans ces Intermédes les piéges qui leur étoient tendus par les Poëtes, & ont fait tourner au profit de la régle des situations qui sembloient les forcer à l'enfreindre.

De toutes les parties de la Musique, la plus difficile à traiter sans sortir de l'unité de mélodie, est le Duo, & cet article mérite de nous arrêter un moment. L'Auteur de la Lettre sur Omphale a déja remarqué que les Duo sont hors de la Nature; car rien n'est moins naturel que de voir deux personnes se parler à la fois durant un certain tems, soit pour dire la même chose, soit pour se contredire, sans jamais s'écouter ni se répondre : Et quand cette supposition pourroit s'admettre en certains cas, il est bien certain que ce ne seroit jamais dans la Tragédie, où cette indécence n'est convenable ni à la dignité des personnages qu'on y fait parler, ni à l'éducation qu'on leur suppose. Or le meilleur moyen de sauver cette absurdité, c'est de traiter le plus qu'il est possible le Duo en Dialogue, & ce premier soin regarde le Poëte ; ce qui regarde le Musicien, c'est de trouver un chant convenable au sujet, & distribué de telle sorte, que chacun des Interlocuteurs parlant alternativement, toute la suite du Dialogue ne forme qu'une mélodie, qui sans changer de sujet, ou du moins sans altérer le mouvement, passe dans son progrès d'une partie à l'autre, sans cesser d'être une, & sans enjamber. Quand on joint ensemble les deux parties ce qui doit se faire rarement & durer peu; il faut trouver un chant susceptible d'une marche par tierces, ou par sixtes, dans lequel la seconde partie fasse son effet sans distraire l'oreille de la premiere. Il faut garder la dureté des dissonances, les sons perçans & renforcés, le fortissimo de l'Orchestre l'Orchestre pour des instans de désordre & de transport, où les Acteurs semblant s'oublier eux-mêmes, portent leur égarement dans l'ame de tout Spectateur sensible, & lui font éprouver le pouvoir de l'harmonie sobrement ménagée. Mais ces instans doivent être rares & amenés avec art. Il faut par une Musique douce & affectueuse avoir déja disposé l'oreille & le cœur à l'émotion, pour que l'un & l'autre se prêtent à ces ébranlemens violens, & il faut qu'ils passent avec la rapidité qui convient à notre foiblesse; car quand l'agitation est trop forte, elle ne sauroit durer, & tout ce qui est au-delà de la Nature ne touche plus.

En disant ce que les Duo doivent être, j'ai dit précisément ce qu'ils sont dans les Opéra Italiens. Si quelqu'un a pû entendre sur un Théatre d'Italie un Duo tragique chanté par deux bons Acteurs, & accompagné par un véritable Orchestre, sans en être attendri; s'il a pu d'un œil

sec assister aux Adieux de Mandane &
d'Arbace, je le tiens digne de pleurer à
ceux de Lybie & d'Epaphus.

Mais sans insister sur les Duo tragiques,
genre de Musique dont on n'a pas même
l'idée à Paris, je puis vous citer un Duo
comique qui y est connu de tout le monde, & je le citerai hardiment comme un
modéle de chant, d'unité de mélodie,
de dialogue & de goût, auquel, selon
moi, rien ne manquera, quand il sera bien
executé, que des Auditeurs qui sachent
l'entendre : c'est celui du premier acte de
la Serva Padrona, *Lo conosco a quegl' occhietti*, &c. J'avoue que peu de Musiciens François sont en état d'en sentir les
beautés, & je dirois volontiers du Pergolese, comme Ciceron disoit d'Homére,
que c'est déja avoir fait beaucoup de progrès dans l'Art, que de se plaire à sa lecture.

J'espére, Monsieur, que vous me pardonnerez la longueur de cet article, en
faveur de sa nouveauté, & de l'impor-

tance de son objet. J'ai cru devoir m'étendre un peu sur une régle aussi essentielle que celle de l'unité de mélodie ; régle dont aucun Théoricien, que je sache, n'a parlé jusqu'à ce jour ; que les Compositeurs Italiens ont seuls sentie & pratiquée, sans se douter, peut-être, de son existence ; & de laquelle dépendent la douceur du chant, la force de l'expression, & presque tout le charme de la bonne Musique. Avant que de quitter ce sujet, il me reste à vous montrer qu'il en résulte de nouveaux avantages pour l'harmonie même, aux dépens de laquelle je semblois accorder tout l'avantage à la mélodie ; & que l'expression du chant donne lieu à celle des accords en forçant le Compositeur à les ménager.

Vous ressouvenez-vous, Monsieur, d'avoir entendu quelquefois dans les Intermédes qu'on nous a donnés cette année le fils de l'Entrepreneur Italien, jeune enfant de dix ans au plus, accompagner quelques fois à l'Opéra. Nous fumes frappés dès le premier jour, de l'effet que produisoit sous ses petits doigts, l'accompagnement du Clavecin; & tout le spectacle s'apperçut à son jeu précis & brillant que ce n'étoit pas l'Accompagnateur ordinaire. Je cherchai aussi-tôt les raisons de cette différence, car je ne doutois pas que le sieur Noblet ne fût bon harmoniste & n'accompagnât très-exactement: mais quelle fut ma surprise en observant les mains du petit bon homme, de voir qu'il ne remplissoit presque jamais les accords, qu'il supprimoit beaucoup de sons, & n'employoit très-souvent que deux doigts, dont l'un sonnoit presque toujours l'octave de la Basse! Quoi! disois-je en moi-même, l'harmonie complette fait moins d'effet que l'harmonie mutilée, & nos Accompagnateurs en rendant tous les accords pleins, ne font qu'un bruit confus, tandis que celui-ci avec moins de sons fait plus d'harmonie, ou du moins, rend son accompagnement plus sensible & plus agréable! Ceci fut pour moi un problême inquiétant, & j'en compris encore mieux toute l'importance, quand après d'autres observations je vis que les Italiens accompagnoient tous de la même maniere que le petit Bambin, & que, par conséquent, cette épargne dans leur accompagnement devoit tenir au même principe que celle qu'ils affectent dans leurs partitions.

Je comprenois bien que la Basse étant le fondement de toute l'harmonie, doit toujours dominer sur le reste, & que quand les autres parties l'étouffent ou la couvrent, il en résulte une confusion qui peut rendre l'harmonie plus sourde; & je m'expliquois ainsi pourquoi les Italiens, si économes de leur main droite dans l'accompagnement, redoublent ordinairement à la gauche l'octave de la Basse; pourquoi ils mettent tant de Contrebasses dans leurs orchestres; & pourquoi ils font si souvent marcher leurs quintes * avec la Basse, au lieu de leur donner une autre partie, comme les François ne manquent jamais de faire. Mais ceci, qui pouvoit rendre raison de la netteté des accords, n'en rendoit pas de leur énergie, & je vis bien-tôt qu'il devoit y avoir quelque principe plus caché & plus fin de l'expression que je remarquois dans la simplicité de l'harmonie Italienne, tandis que je trouvois la nôtre si composée, si froide & si languissante.

Je me souvins alors d'avoir lû dans quelque ouvrage de M. Rameau, que chaque consonance a son caractére particulier, c'est-à-dire, une maniere d'affecter l'ame qui lui est propre ; que l'effet de la tierce n'est point le même que celui de

* On peut remarquer à l'orchestre de notre Opera, que dans la Musique Italienne les quintes ne jouent presque jamais leur partie quand elle est à l'octave de la Basse ; peut-être ne daigne-t-on pas même la copier en pareil cas. Ceux qui conduisent l'orchestre ignoreroient-ils que ce défaut de liaison entre la Basse & le dessus rend l'harmonie trop séche ?

la quinte, ni l'effet de la quarte le même que celui de la sixte. De même les tierces & les sixtes mineures doivent produire des affections différentes de celles que produisent les tierces & les sixtes majeures ; & ces faits une fois accordés, il s'ensuit assez évidemment que les dissonances & tous les intervalles possibles seront aussi dans le même cas. Expérience que la raison confirme, puisque toutes les fois que les rapports sont différens, l'impression ne sçauroit être la même.

Or, me disois-je à moi-même en raisonnant d'après cette supposition, je vois clairement que deux consonances ajoutées l'une à l'autre mal à propos, quoique selon les regles des accords, pourront, même en augmentant l'harmonie, affoiblir mutuellement leur effet, le combattre, ou le partager. Si tout l'effet d'une quinte m'est nécessaire pour l'expression dont j'ai besoin, je peux risquer d'affoiblir cette expression par un troisième son, qui divisant cette quinte en deux autres intervalles, en modifiera nécessairement l'effet par celui des deux tierces dans lesquelles je la résous ; & ces tierces mêmes, quoique le tout ensemble fasse une fort bonne harmonie, étant de différente espece, peuvent encore nuire mutuellement à l'impression l'une de l'autre. De même, si l'impression simultanée de la quinte & des deux tierces m'étoit nécessaire, j'affoiblirois & j'altérerois mal à propos cette impression, en retranchant un des trois sons qui en forment l'accord. Ce raisonnement devient encore plus sensible, appliqué à la dissonance. Supposons que j'aie besoin de toute la dureté du triton, ou de toute la fadeur de la fausse quinte ; opposition, pour le dire en passant, qui prouve combien les divers renversemens des accords en peuvent changer l'effet ; si dans une telle circonstance, au lieu de porter à l'oreille les deux uniques sons qui forment la dissonance, je m'avise de remplir l'accord de tous ceux qui lui conviennent, alors j'ajoute au triton la seconde & la sixte, & à la fausse quinte la sixte & la tierce, c'est-à-dire, qu'introduisant dans chacun de ces accords une nouvelle dissonance, j'y introduis en même-tems trois consonances, qui doivent nécessairement en tempérer & affoiblir l'effet, en rendant un de ces accords moins fade & l'autre moins dur. C'est donc un principe certain & fondé dans la nature, que toute Musique où l'harmonie est scrupuleusement remplie, tout accompagnement où tous les accords sont complets, doit faire beaucoup de bruit, mais avoir très-peu d'expression : ce qui est précisément le caractére de la Musique Françoise. Il est vrai qu'en ménageant les accords & les parties, le choix devient difficile & demande beaucoup d'expérience & de goût pour le faire toujours à propos ; mais s'il y a une regle pour aider au Compositeur à se bien conduire en pareille occasion, c'est certainement celle de l'unité de mélodie que j'ai tâché d'établir ; ce qui se rapporte au caractére de la Musique Italienne & rend raison de la douceur du chant jointe à la force d'expression qui y regnent.

Il suit de tout ceci, qu'après avoir bien étudié les regles élémentaires de l'harmonie, le Musicien ne doit point se hâter de la prodiguer inconsidérément, ni se croire en état de composer parce qu'il sçait remplir des accords ; mais qu'il doit, avant que de mettre la main à l'œuvre, s'appliquer à l'étude beaucoup plus longue & plus difficile des impressions diverses que les consonances, les dissonances & tous les accords font sur les oreilles sensibles, & se dire souvent à lui-même, que le grand art du Compositeur ne consiste pas moins à sçavoir discerner dans l'occasion les sons qu'on doit supprimer, que ceux dont il faut faire usage. C'est en étudiant & feuilletant sans cesse les chefs-d'œuvres de l'Italie qu'il apprendra à faire ce choix exquis, fi la nature lui a donné affez de génie & de goût pour en fentir la néceffité ; car les difficultés de l'art ne fe laiffent appercevoir qu'à ceux qui font faits pour les vaincre, & ceux-là ne s'aviferont pas de compter avec mépris les portées vuides d'une partition, mais voyant la facilité qu'un Ecolier auroit eue à les remplir, ils foupçonneront & chercheront les raifons de cette fimplicité trompeufe, d'autant plus admirable, qu'elle cache des prodiges fous une feinte négligence, & que *l'arte che tutto fà, nulla fi fcuopre.*

Voilà, à ce qu'il me femble, la caufe des effets furprenans que produit l'harmonie de la Mufique Italienne, quoique beaucoup moins chargée que la nôtre, qui en produit fi peu. Ce qui ne fignifie pas qu'il ne faille jamais remplir l'harmonie, mais qu'il ne faut la remplir qu'avec choix & difcernement ; ce n'eft pas non plus à dire que pour ce choix le Muficien soit obligé de faire tous ces raisonnemens, mais qu'il en doit sentir le résultat. C'est à lui d'avoir du génie & du goût pour trouver les choses d'effet; c'est au Théoricien à en chercher les causes & à dire pourquoi ce sont des choses d'effet.

Si vous jettez les yeux sur nos compositions modernes, surtout si vous les écoutez, vous reconnoîtrez bien-tôt que nos Musiciens ont si mal compris tout ceci, que, s'efforçant d'arriver au même but, ils ont directement suivi la route opposée; & s'il m'est permis de vous dire naturellement ma pensée, je trouve que plus nôtre Musique se perfectionne en apparence, & plus elle se gâte en effet. Il étoit peut-être nécessaire qu'elle vînt au point où elle est, pour accoutumer insensiblement nos oreilles à rejetter les préjugés de l'habitude, & à goûter d'autres airs que ceux dont nos Nourrices nous ont endormis; mais je prévois que pour la porter au très-médiocre dégré de bonté dont elle est susceptible, il faudra tôt ou tard commencer par redescendre ou remonter au point où Lully l'avoit mise. Convenons que l'harmonie de ce célebre Musicien est plus pure & moins renversée, que ses Basses sont plus naturelles & marchent plus rondement, que son chant est mieux suivi, que ses accompagnemens moins chargés naissent mieux du sujet & en sortent moins, que son récitatif est beaucoup moins maniéré, & par conséquent beaucoup meilleur que le nôtre ; ce qui se confirme par le goût de l'exécution : car l'ancien récitatif étoit rendu par les Acteurs de ce tems-là tout autrement que nous ne faisons aujourd'hui ; il étoit plus vif & moins traînant ; on le chantoit moins, & on le déclamoit davantage. * Les cadences, les ports de

---

* Cela se prouve par la durée des Opera de Lully, beaucoup plus grande aujourd'hui que de son tems, selon le rapport unanime de tous ceux qui les ont vûs anciennement. Aussi toutes les fois qu'on redonne ces Opera est-on obligé d'y faire des retranchemens considérables.

voix se sont multipliés dans le nôtre; il est devenu encore plus languissant, & l'on n'y trouve presque plus rien qui le distingue de ce qu'il nous plaît d'appeller *air*.

Puisqu'il est question d'airs & de récitatifs, vous voulez bien, Monsieur, que je termine cette Lettre par quelques observations sur l'un & sur l'autre, qui deviendront peut-être des éclaircissemens utiles à la solution du problême dont il s'agit.

On peut juger de l'idée de nos Musiciens sur la constitution d'un Opera, par la singularité de leur nomenclature. Ces grands morceaux de Musique Italienne qui ravissent; ces chefs-d'œuvres de génie qui arrachent des larmes, qui offrent les tableaux les plus frappans, qui peignent les situations les plus vives, & portent dans l'ame toutes les passions qu'ils expriment, les François les appellent des *ariettes*. Ils donnent le nom d'*airs* à ces insipides chanſonnettes, dont ils entre-mêlent les ſcenes de leurs Opera, & réſervent celui de monologues par excellence à ces traînantes & ennuyeuſes lamentations, à qui il ne manque pour aſſoupir tout le monde, que d'être chantées juſte & ſans cris.

Dans les Opera Italiens tous les airs ſont en ſituation & font partie des ſcenes. Tantôt c'eſt un pere déſeſpéré qui croit voir l'ombre d'un fils qu'il a fait mourir injuſtement, lui reprocher ſa cruauté : tantôt c'eſt un prince débonnaire, qui, forcé de donner un exemple de ſévérité, demande aux Dieux de lui ôter l'empire, ou de lui donner un cœur moins ſenſible. Ici c'eſt une mere tendre qui verſe des larmes en retrouvant ſon fils qu'elle croyoit mort. Là, c'eſt le langage de l'amour, non rempli de ce fade & puérile galimatias de flammes & de chaînes, mais tragique, vif, bouillant, entrecoupé, & tel qu'il convient aux paſſions impétueuſes. C'eſt ſur de telles paroles qu'il ſied bien de déployer toutes les richeſſes d'une Muſique pleine de force & d'expreſſion, & de rencherir ſur l'énergie de la Poëſie par celle de l'harmonie & du chant. Au contraire, les paroles de nos ariettes toujours détachées du ſujet, ne ſont qu'un miſérable jargon emmiellé, qu'on eſt trop heureux de ne pas entendre : c'eſt une collection faite au hazard du très-petit nombre de mots ſonores que notre langue peut fournir, tournés & retournés de toutes les manieres, excepté de celle qui pourroit leur donner du ſens. C'eſt ſur ces impertinens amphigouris que nos Muſiciens épuiſent leur goût & leur ſçavoir, & nos Acteurs leurs geſtes & leurs poumons ; c'eſt à ces morceaux extravagans que nos femmes ſe pâment d'admiration ; & la preuve la plus marquée que la Muſique Françoiſe ne ſçait ni peindre ni parler, c'eſt qu'elle ne peut développer le peu de beautés dont elle eſt ſuſceptible, que

que sur des paroles qui ne signifient rien. Cependant, à entendre les François parler de Musique, on croiroit que c'est dans leurs Opéra qu'elle peint de grands tableaux & de grandes passions, & qu'on ne trouve que des ariettes dans les Opéra Italiens, où le nom même d'ariette & la ridicule chose qu'il exprime sont également inconnus. Il ne faut pas être surpris de la grossiereté de ces préjugés : la Musique Italienne n'a d'ennemis, même parmi nous, que ceux qui n'y connoissent rien ; & tous les François qui ont tenté de l'étudier dans le seul dessein de la critiquer en connoissance de cause, ont bientôt été ses plus zélés admirateurs. *

Après les ariettes, qui font à Paris le triomphe du goût moderne, viennent les fameux monologues qu'on admire dans

* C'est un préjugé peu favorable à la Musique Françoise, que ceux qui la méprisent le plus soient précisément ceux qui la connoissent le mieux ; car elle est aussi ridicule quand on l'examine, qu'insupportable quand on l'écoute.

E

nos anciens Opéra : Sur quoi l'on doit remarquer que nos plus beaux airs sont toujours dans les monologues & jamais dans les scenes, parce que nos Acteurs n'ayant aucun jeu muet, & la Musique n'indiquant aucun geste & ne peignant aucune situation, celui qui garde le silence ne sçait que faire de sa personne pendant que l'autre chante.

Le caractére traînant de la langue, le peu de flexibilité de nos voix, & le ton lamentable qui regne perpétuellement dans notre Opéra, mettent presque tous les monologues François sur un mouvement lent, & comme la mesure ne s'y fait sentir ni dans le chant, ni dans la Basse, ni dans l'accompagnement, rien n'est si traînant, si lâche, si languissant que ces beaux monologues que tout le monde admire en bâillant ; ils voudroient être tristes & ne sont qu'ennuyeux ; ils voudroient toucher le cœur & ne font qu'affliger les oreilles.

Les Italiens sont plus adroits dans leurs Adagio : car lorsque le chant est si lent qu'il seroit à craindre qu'il ne laissât affoiblir l'idée de la mesure, ils font marcher la basse par notes égales qui marquent le mouvement, & l'accompagnement le marque aussi par des subdivisions de notes, qui soutenant la voix & l'oreille en mesure, ne rendent le chant que plus agréable & sur-tout plus énergique par cette précision. Mais la nature du chant François interdit cette ressource à nos Compositeurs : car dès que l'Acteur seroit forcé d'aller en mesure, il ne pourroit plus développer sa voix ni son jeu, traîner son chant, renfler, prolonger ses sons, ni crier à pleine tête, & par conséquent il ne seroit plus applaudi.

Mais ce qui prévient encore plus efficacement la monotonie & l'ennui dans les Tragédies Italiennes, c'est l'avantage de pouvoir exprimer tous les sentimens & peindre tous les caractéres avec telle

E ij

mesure & tel mouvement qu'il plaît au Compositeur. Notre mélodie, qui ne dit rien par elle-même, tire toute son expression du mouvement qu'on lui donne; elle est forcément triste sur une mesure lente, furieuse ou gaye sur un mouvement vif, grave sur un mouvement modéré : le chant n'y fait presque rien, la mesure seule, ou, pour parler plus juste, le seul dégré de vitesse détermine le caractére. Mais la mélodie Italienne trouve dans chaque mouvement des expressions pour tous les caractéres, des tableaux pour tous les objets. Elle est, quand il plaît au Musicien, triste sur un mouvement vif, gaye sur un mouvement lent, & comme je l'ai déja dit, elle change sur le même mouvement de caractére au gré du Compositeur; ce qui lui donne la facilité des contrastes, sans dépendre en cela du Poëte & sans l'exposer à des contresens.

Voilà la source de cette prodigieuse variété que les grands Maîtres d'Italie sçavent répandre dans leurs Opéra, sans jamais sortir de la nature : variété qui prévient la monotonie, la langueur & l'ennui, & que les Muſiciens François ne peuvent imiter, parce que leurs mouvemens ſont donnés par le ſens des paroles, & qu'ils ſont forcés de s'y tenir, s'ils ne veulent tomber dans des contreſens ridicules.

A l'égard du récitatif, dont il me reſte à parler, il ſemble que pour en bien juger il faudroit une fois ſçavoir préciſément ce que c'eſt ; car juſqu'ici je ne ſçache pas que de tous ceux qui en ont diſputé, perſonne ſe ſoit aviſé de le définir. Je ne ſçais, Monſieur, quelle idée vous pouvez avoir de ce mot ; quant à moi, j'appelle récitatif une déclamation harmonieuſe, c'eſt-à-dire, une déclamation dont toutes les inflexions ſe font par intervalles harmoniques. D'où il ſuit que comme chaque langue a une déclamation qui lui eſt propre, chaque langue doit auſſi avoir ſon récitatif particulier; ce qui n'empêche pas qu'on ne puiſſe très-bien comparer un récitatif à un autre, pour ſçavoir lequel des deux eſt le meilleur, ou celui qui ſe rapporte le mieux à ſon objet.

Le récitatif eſt néceſſaire dans les drames lyriques, 1°. Pour lier l'action & rendre le ſpectacle un. 2°. Pour faire valoir les airs, dont la continuité deviendroit inſupportable. 3°. Pour exprimer une multitude de choſes qui ne peuvent ou ne doivent point être exprimées par la Muſique chantante & cadencée. La ſimple déclamation ne pouvoit convenir à tout cela dans un ouvrage lyrique, parce que la tranſition de la parole au chant, & ſurtout du chant à la parole, a une dureté à laquelle l'oreille ſe prête difficilement, & forme un contraſte ridicule qui détruit toute l'illuſion, & par conséquent l'intérêt; car il y a une ſorte de vraiſemblance qu'il faut conſerver, même à l'Opéra, en rendant le discours tellement uniforme, que le tout puisse être pris au moins pour une langue hypothétique. Joignez à cela que le secours des accords augmente l'énergie de la déclamation harmonieuse, & dédommage avantageusement de ce qu'elle a de moins naturel dans les intonations.

Il est évident, d'après ces idées, que le meilleur récitatif, dans quelque Langue que ce soit, si elle a d'ailleurs les conditions nécessaires, est celui qui approche le plus de la parole; s'il y en avoit un qui en approchât tellement, en conservant l'harmonie qui lui convient, que l'oreille ou l'esprit pût s'y tromper, on devroit prononcer hardiment que celui-là auroit atteint toute la perfection dont aucun récitatif puisse être susceptible.

Examinons maintenant sur cette régle ce qu'on appelle en France, récitatif, & dites-moi, je vous prie, quel rapport vous pouvez trouver entre ce récitatif &

notre déclamation ? Comment concevrez-vous jamais que la Langue Françoise dont l'accent est si uni, si simple, si modeste, si peu chantant, soit bien rendue par les bruyantes & criardes intonations de ce récitatif, & qu'il y ait quelque rapport entre les douces inflexions de la parole & ces sons soutenus & renflés, ou plutôt ces cris éternels qui font le tissu de cette partie de notre Musique encore plus même que des airs ? Faites, par exemple, réciter à quelqu'un qui sache lire, les quatre premiers vers de la fameuse reconnoissance d'Iphigénie. A peine reconnoîtrez-vous quelques légéres inégalités, quelques foibles inflexions de voix dans un récit tranquille, qui n'a rien de vif ni de passionné, rien qui doive engager celle qui le fait à élever ou abaisser la voix. Faites ensuite réciter par une de nos Actrices ces mêmes vers sur la note du Musicien, & tâchez, si vous le pouvez, de supporter cette extravagante criaillerie, qui passe à chaque instant de bas en haut & de haut en bas, parcourt sans sujet toute l'étendue de la voix, & suspend le récit hors de propos pour *filer de beaux sons* sur des syllabes qui ne signifient rien, & qui ne forment aucun repos dans le sens !

Qu'on joigne à cela les fredons, les cadences, les ports-de-voix qui reviennent à chaque instant, & qu'on me dise quelle analogie il peut y avoir entre la parole & toute cette maussade pretintaille, entre la déclamation & ce prétendu récitatif ? qu'on me montre au moins quelque côté par lequel on puisse raisonnablement vanter ce merveilleux récitatif François dont l'invention fait la gloire de Lully ?

C'est une chose assez plaisante que d'entendre les Partisans de la Musique Françoise se retrancher dans le caractére de la Langue, & rejetter sur elle des défauts dont ils n'osent accuser leur idole, tandis qu'il eſt de toute évidence que le meilleur récitatif qui peut convenir à la Langue Françoiſe doit être oppoſé preſque en tout à celui qui y eſt uſage : qu'il doit rouler entre de fort petits intervalles, n'élever ni n'abaiſſer beaucoup la voix, peu de ſons ſoutenus, jamais d'éclats, encore moins de cris, rien ſur-tout qui reſſemble au chant, peu d'inégalité dans la durée ou valeur des notes, ainſi que dans leurs degrés. En un mot le vrai récitatif François, s'il peut y en avoir un, ne ſe trouvera que dans une route directement contraire à celle de Lully & de ſes ſucceſſeurs ; dans quelque route nouvelle qu'aſſurément les Compoſiteurs François, ſi fiers de leur faux ſavoir, & par conſéquent ſi éloignés de ſentir & d'aimer le véritable, ne s'aviſeront pas de chercher ſi-tôt, & que probablement ils ne trouveront jamais.

Ce ſeroit ici le lieu de vous montrer par l'exemple du récitatif Italien, que toutes les conditions que j'ai supposées dans un bon récitatif, peuvent en effet s'y trouver ; qu'il peut avoir à la fois toute la vivacité de la déclamation, & toute l'énergie de l'harmonie ; qu'il peut marcher aussi rapidement que la parole, & être aussi mélodieux qu'un véritable chant ; qu'il peut marquer toutes les inflexions dont les passions les plus véhémentes animent le discours, sans forcer la voix du chanteur, ni étourdir les oreilles de ceux qui écoutent. Je pourrois vous montrer comment, à l'aide d'une marche fondamentale particuliere, on peut multiplier les modulations du récitatif d'une maniere qui lui soit propre, & qui contribue à la distinguer des airs, où, pour conserver les graces de la mélodie, il faut changer de ton moins fréquemment ; comment sur-tout, quand on veut donner à la passion le tems de déployer tous ses mouvemens, on peut, à l'aide d'une symphonie habilement ménagée, faire exprimer à l'Orcheftre, par des chants pathétiques & variés, ce que l'Acteur ne doit que réciter : chef d'œuvre de l'art. du Muficien, par lequel il fait, dans un récitatif obligé *, joindre la mélodie la plus touchante à toute la véhémence de la déclamation, fans jamais confondre l'une avec l'autre : je pourrois vous deployer les beautés fans nombre de cet admirable récitatif, dont on fait en France tant de contes auffi abfurdes que les jugemens qu'on s'y mêle d'en porter, comme fi quelqu'un pouvoit prononcer fur un récitatif, fans connoître à fond la langue à laquelle il eft propre. Mais pour entrer dans ces détails il faudroit, pour ainfi dire, créer un nouveau Dictionnaire, inventer à chaque inftant

* J'avois efpéré que le fieur Caffarelli nous donneroit, au Concert Spirituel, quelque morceau de grand récitatif & de chant pathétique, pour faire entendre une fois aux prétendus Connoiffeurs ce qu'ils jugent depuis fi longtems; mais fur fes raifons pour n'en rien faire, j'ai trouvé qu'il connoiffoit encore mieux que moi la portée de fes Auditeurs.

des termes pour offrir aux lecteurs François des idées inconnues parmi eux, & leur tenir des discours qui leur paroîtroient du galimatias. En un mot, pour en être compris il faudroit leur parler un langage qu'ils entendissent, & par conséquent de science & d'arts de tout genre, excepté la seule Musique. Je n'entrerai donc point sur cette matiere dans un détail affecté qui ne serviroit de rien pour l'instruction des Lecteurs, & sur lequel ils pourroient présumer que je ne dois qu'à leur ignorance en cette partie la force apparente de mes preuves.

Par la même raison je ne tenterai pas non plus le paralléle qui a été proposé cet Hyver dans un Écrit adressé au Petit Prophéte & à ses adversaires, de deux morceaux de Musique, l'un Italien & l'autre François, qui y sont indiqués. La scéne Italienne confondue en Italie avec mille autres chefs d'œuvres égaux & supérieurs, étant peu connue à Paris; peu de gens pourroient suivre la comparaison, & il se trouveroit que je n'aurois parlé que pour le petit nombre de ceux qui savoient déja ce que j'avois à leur dire. Mais quant à la scéne Françoise j'en crayonnerai volontiers l'analyse avec d'autant plus de plaisir, qu'étant le morceau consacré dans la Nation par les plus unanimes suffrages, je n'aurai pas à craindre qu'on m'accuse d'avoir mis de la partialité dans le choix, ni d'avoir voulu soustraire mon jugement à celui des Lecteurs par un sujet peu connu.

Au reste, comme je ne puis examiner ce morceau sans en adopter le genre, au moins par hypothése, c'est rendre à la Musique Françoise tout l'avantage que la raison m'a forcé de lui ôter dans le cours de cette Lettre ; c'est la juger sur ses propres régles ; de sorte que quand cette scéne feroit aussi parfaite qu'on le prétend, on n'en pourroit conclurre autre chose sinon que c'est de la Musique

Françoise bien faite, ce qui n'empêcheroit pas que le genre étant démontré mauvais, ce ne fût abfolument de mauvaife Mufique ; il ne s'agit donc ici que de voir fi l'on peut l'admettre pour bonne, au moins dans fon genre.

Je vais pour cela tâcher d'analyfer en peu de mots ce célebre monologue d'Armide, *enfin, il eft en ma puiffance*, qui paffe pour un chef-d'œuvre de déclamation, & que les Maîtres donnent eux-mêmes pour le modéle le plus parfait du vrai récitatif François.

Je remarque d'abord que M. Rameau l'a cité avec raifon en exemple d'une modulation exacte & très-bien liée : mais cet éloge appliqué au morceau dont il s'agit, devient une véritable fatyre, & M. Rameau lui-même fe feroit bien gardé de mériter une femblable louange en pareil cas : car que peut-on concevoir de plus mal conçu que cette régularité fcolaftique dans une fcene où l'emportement, la tendresse & le contraste des passions opposées mettent l'Actrice & les Spectateurs dans la plus vive agitation? Armide furieuse vient poignarder son ennemi. A son aspect, elle hésite, elle se laisse attendrir, le poignard lui tombe des mains; elle oublie tous ses projets de vengeance, & n'oublie pas un seul instant sa modulation. Les réticences, les interruptions, les transitions intellectuelles que le Poëte offroit au Musicien n'ont pas été une seule fois saisies par celui-ci. L'Héroïne finit par adorer celui qu'elle vouloit égorger au commencement; le Musicien finit en *E si mi* comme il avoit commencé, sans avoir quité un instant les cordes les plus analogues au ton principal, sans avoir mis une seule fois dans la déclamation de l'Actrice la moindre inflexion extraordinaire qui fît foi de l'agitation de son ame, sans avoir donné la moindre expression à l'harmonie: & je défie qui que ce soit d'assigner par la Musique

sique seule, soit dans le ton, soit dans la mélodie, soit dans la déclamation, soit dans l'accompagnement, aucune différence sensible entre le commencement & la fin de cette scéne, par où le Spectateur puisse juger du changement prodigieux qui s'est fait dans le cœur d'Armide.

Observez cette Basse-continue : Que de croches ! que de petites notes passageres pour courir après la succession harmonique ! Est-ce ainsi que marche la Basse d'un bon récitatif, où l'on ne doit entendre que de grosses notes, de loin en loin, le plus rarement qu'il est possible, & seulement pour empêcher la voix du récitant & l'oreille du Spectateur de s'égarer ?

Mais voyons comment sont rendus les beaux vers de ce monologue, qui peut passer en effet pour un chef-d'œuvre de Poësie.

Enfin il est en ma puissance.

Voilà un *trille*, * &, qui pis est, un

___
* Je suis contraint de francifer ce mot pour exprimer le battement de gosier que les Italiens appellent ainsi, parce

repos absolu dès le premier vers, tandis que le sens n'est achevé qu'au second. J'avoue que le Poëte eût peut-être mieux fait d'omettre ce second vers, & de laisser aux Spectateurs le plaisir d'en lire le sens dans l'ame de l'Actrice ; mais puisqu'il l'a employé, c'étoit au Musicien de le rendre.

Ce fatal ennemi, ce superbe vainqueur !

Je pardonnerois peut-être au Musicien d'avoir mis ce second vers dans un autre ton que le premier, s'il se permettoit un peu plus d'en changer dans les occasions nécessaires.

Le charme du sommeil le livre à ma vengeance.

Les mots de *charme* & de *sommeil* ont été pour le Musicien un piége inévitable ; il a oublié la fureur d'Armide, pour faire ici un petit somme, dont il se réveillera au mot *percer*. Si vous croyez que c'est par hazard qu'il a employé des sons doux

que me trouvant à chaque instant dans la nécessité de me servir du mot de *cadence* dans une autre acception, il ne m'étoit pas possible d'éviter autrement des équivoques continuelles.

sur le premier hémistiche, vous n'avez qu'à écouter la Basse : Lulli n'étoit pas homme à employer de ces dieses pour rien.

Je vais percer son invincible cœur.

Que cette cadence finale est ridicule dans un mouvement aussi impétueux ! Que ce trille est froid & de mauvaise grace ! Qu'il est mal placé sur une syllabe bréve, dans un récitatif qui devroit voler, & au milieu d'un transport violent !

Par lui tous mes Captifs sont sortis d'esclavage :
Qu'il éprouve toute ma rage.

On voit qu'il y a ici une adroite réticence du Poëte. Armide, après avoir dit qu'elle va percer l'invincible cœur de Renaut, sent dans le sien les premiers mouvemens de la pitié, ou plutôt de l'amour ; elle cherche des raisons pour se raffermir, & cette transition intellectuelle amene fort bien ces deux vers, qui sans cela se lieroient mal avec les précédens, & deviendroient une répétition tout à fait superflue de ce qui n'est ignoré ni de l'Actrice ni des Spectateurs.

Voyons, maintenant, comment le Muſicien a exprimé cette marche secrette du cœur d'Armide. Il a bien vu qu'il falloit mettre un intervalle entre ces deux vers & les précédens, & il a fait un silence qu'il n'a rempli de rien, dans un moment où Armide avoit tant de choses à sentir, & par conséquent l'orcheſtre à exprimer. Après cette pauſe il recommence exactement dans le même ton, ſur le même accord, ſur la même note par où il vient de finir, paſſe ſucceſſivement par tous les ſons de l'accord durant une meſure entiere, & quitte enfin avec peine le ton autour duquel il vient de tourner ſi mal à propos.

Quel trouble me ſaiſit ? Qui me fait héſiter ?

Autre ſilence, & puis c'eſt tout. Ce vers eſt dans le même ton, preſque dans le même accord que le précédent. Pas une altération qui puiſſe indiquer le changement prodigieux qui ſe fait dans l'ame & dans les diſcours d'Armide. La tonique, il eſt vrai, devient dominante par un mouvement de Basse. Eh Dieux! il est bien question de tonique & de dominante dans un instant où toute liaison harmonique doit être interrompue, où tout doit peindre le désordre & l'agitation. D'ailleurs, une légere altération qui n'est que dans la Basse, peut donner plus d'énergie aux inflexions de la voix, mais jamais y suppléer. Dans ce vers, le cœur, les yeux, le visage, le geste d'Armide, tout est changé, hormis sa voix: elle parle plus bas, mais elle garde le même ton.

Qu'est-ce qu'en sa faveur la pitié me veut dire ?
Frappons.

Comme ce vers peut être pris en deux sens différens, je ne veux pas chicanner Lulli pour n'avoir pas préféré celui que j'aurois choisi. Cependant il est incomparablement plus vif, plus animé, & fai mieux valoir ce qui suit. Armide, comme Lulli la fait parler, continue à s'attendrir en s'en demandant la cause à elle-même.

Qu'est-ce qu'en sa faveur la pitié me veut dire ?

Puis tout d'un coup elle revient à sa fureur par ce seul mot :

Frappons.

Armide, indignée comme je la conçois, après avoir hésité, rejette avec précipitation sa vaine pitié, & prononce vivement & tout d'une haleine en levant le poignard.

Qu'est-ce qu'en sa faveur la pitié me veut dire ?
Frappons.

Peut-être Lulli même a-t-il entendu ainsi ce vers, quoiqu'il l'ait rendu autrement : Car sa note décide si peu la déclamation, qu'on lui peut donner sans risque le sens que l'on aime mieux.

...... Ciel ! qui peut m'arrêter ?
Achevons... je frémis ! vengeons-nous... je soupire.

Voilà certainement le moment le plus violent de toute la scéne. C'est ici que se fait le plus grand combat dans le cœur d'Armide. Qui croiroit que le Musicien a laissé toute cette agitation dans le même ton, sans la moindre transition intellectuelle, sans le moindre écart harmonique, d'une maniere si insipide, avec une mélodie si peu caractérisée & une si inconcevable mal-adresse, qu'au lieu du dernier vers que dit le Poëte,

Achevons ; je frémis. Vengeons-nous ; Je soupire.

le Musicien dit exactement celui-ci.

Achevons ; achevons. Vengeons-nous ; vengeons-nous.

Les *trilles* font sur-tout un bel effet sur de telles paroles, & c'est une chose bien trouvée que la cadence parfaite sur le mot soupire !

Est-ce ainsi que je dois me venger aujourd'hui ?
Ma colere s'éteint quand j'approche de lui.

Ces deux vers seroient bien déclamés s'il y avoit plus d'intervalle entre eux, & que le second ne finît pas par une cadence parfaite. Ces cadences parfaites sont toujours la mort de l'expression, sur-tout dans le récitatif François où elles tombent si lourdement.

Plus je le vois, plus ma vengeance est vaine.

Toute personne qui sentira la véritable déclamation de ce vers, jugera que le second hémistiche est à contre-sens ; la voix doit s'élever sur *ma vengeance*, & retomber doucement sur *vaine*.

Mon bras tremblant se refuse à ma haine.

Mauvaise cadence parfaite ! d'autant plus qu'elle est accompagnée d'un trille.

Ah ! quelle cruauté de lui ravir le jour !

Faites déclamer ce vers à Mlle. Dumesnil, & vous trouverez que le mot *cruauté* sera le plus élevé, & que la voix ira toujours en baissant jusqu'à la fin du vers : mais, le moyen de ne pas faire poindre *le jour* ! je reconnois là le Musicien.

Je passe pour abréger le reste de cette scene, qui n'a plus rien d'intéressant ni de remarquable que les contre-sens ordinaires & des trilles continuels, & je finis par le vers qui la termine.

Que, s'il se peut, je le haïsse.

SUR LA MUSIQUE FRANÇOISE. 89

Cette parenthèse, *s'il se peut*, me semble une épreuve suffisante du talent du Musicien ; quand on la trouve sur le même ton, sur les mêmes notes que *je le haïsse*, il est bien difficile de ne pas sentir combien Lulli étoit peu capable de mettre de la Musique sur les paroles du grand homme qu'il tenoit à ses gages.

A l'égard du petit air de guinguette qui est à la fin de ce monologue, je veux bien consentir à n'en rien dire, & s'il y a quelques amateurs de la Musique Françoise qui connoissent la scene Italienne qu'on a mise en paralelle avec celle-ci, & surtout l'air impétueux, pathétique & tragique qui la termine, ils me sçauront gré sans doute de ce silence.

Pour résumer en peu de mots mon sentiment sur le célebre monologue, je dis que si on l'envisage comme du chant, on n'y trouve ni mesure, ni caractére, ni mélodie : si l'on veut que ce soit du récitatif, on n'y trouve ni naturel ni expression ;

quelque nom qu'on veuille lui donner, on le trouve rempli de sons filés, de trilles & autres ornemens du chant bien plus ridicules encore dans une pareille situation qu'ils ne le sont communement dans la Musique Françoise. La modulation en est réguliere, mais puérile par cela même, scholastique, sans énergie, sans affection sensible. L'accompagnement s'y borne à la Basse-continue, dans une situation où toutes les puissances de la Musique doivent être déployées ; & cette Basse est plutôt celle qu'on feroit mettre à un Ecolier sous sa leçon de Musique, que l'accompagnement d'une vive scene d'Opera, dont l'harmonie doit être choisie & appliquée avec un discernement exquis pour rendre la déclamation plus sensible & l'expression plus vive. En un mot si l'on s'avisoit d'exécuter la Musique de cette scene sans y joindre les paroles, sans crier ni gesticuler, il ne seroit pas possible d'y rien démêler d'analogue à la situation qu'elle veut peindre & aux sentimens qu'elle veut exprimer, & tout cela ne paroîtroit qu'une ennuyeuse suite de sons modulée au hazard & seulement pour la faire durer.

Cependant ce monologue a toujours fait, & je ne doute pas qu'il ne fît encore un grand effet au théatre, parce que les vers en sont admirables & la situation vive & intéressante. Mais sans les bras & le jeu de l'Actrice, je suis persuadé que personne n'en pourroit souffrir le récitatif, & qu'une pareille Musique a grand besoin du secours des yeux pour être supportable aux oreilles.

Je crois avoir fait voir qu'il n'y a ni mesure ni mélodie dans la Musique Françoise, parce que la langue n'en est pas susceptible; que le chant François n'est qu'un aboyement continuel, insupportable à toute oreille non prévenue; que l'harmonie en est brute, sans expression & sentant uniquement son remplissage d'Ecolier; que les airs François ne sont point des airs ; que le récitatif François n'est point du récitatif. D'où je conclus que les François n'ont point de Musique & n'en peuvent avoir ; * ou que si jamais ils en ont une, ce sera tant pis pour eux.

Je suis, &c.

* Je n'appelle pas avoir une Musique que d'emprunter celle d'une autre langue pour tâcher de l'appliquer à la sienne, & j'aimerois mieux que nous gardassions notre maussade & ridicule chant, que d'associer encore plus ridiculement la mélodie Italienne à la langue Françoise. Ce dégoûtant assemblage, qui peut-être sera désormais l'étude de nos Musiciens, est trop monstrueux pour être admis, & le caractére de notre langue ne s'y prêtera jamais. Tout au plus quelques piéces comiques pourront-elles passer en faveur de la symphonie ; mais je prédis hardiment que le genre tragique ne sera pas même tenté. On a applaudi cet été à l'Opera comique l'ouvrage d'un homme de talent qui paroît avoir écouté la bonne Musique avec de bonnes oreilles, & qui en a traduit le genre en François d'aussi près qu'il étoit possible ; ses accompagnemens sont bien imités sans être copiés, & s'il n'a point fait de chant, c'est qu'il n'est pas possible d'en faire. Jeunes Musiciens qui vous sentez du talent, continuez de mépriser en public la Musique Italienne, je sens bien que votre intérêt présent l'exige, mais hâtez-vous d'étudier en particulier cette langue & cette Musique, si vous voulez pouvoir tourner un jour contre vos Camarades le dédain que vous affectez aujourd'hui contre vos Maîtres.